Personas de la comunidad

Los maestros

Diyan Leake

Heinemann Library
Chicago, Illinois

Customer Service 888-454-2279
Visit our website at www.heinemannraintree.com

Designed by Joanna Hinton-Malivoire and Steve Mead
Printed in China by South China Printing Company Limited
Translation into Spanish by DoubleO Publishing Services

12 11 10 09 08
10 9 8 7 6 5 4 3 2 1

ISBN-10: 1-4329-1998-9 (hc) -- ISBN-10: 1-4329-2005-7 (pb)
ISBN-13: 978-1-4329-1998-6 (hc) -- ISBN-13: 978-1-4329-2005-0 (pb)

Library of Congress Cataloguing-in-Publication Data

Leake, Diyan.
  [Teachers. Spanish]
  Los maestros / Diyan Leake ; [translated into Spanish by DoubleOPublishing Services].
    p. cm. -- (Personas de la comunidad)
  Includes index.
  ISBN-13: 978-1-4329-1998-6 (hardcover)
  ISBN-10: 1-4329-1998-9 (hardcover)
  ISBN-13: 978-1-4329-2005-0 (pbk.)
  ISBN-10: 1-4329-2005-7 (pbk.)
  1. Teachers--Juvenile literature. I. Title.
  LB1775.L36518 2008
  371.1--dc22
                              2008017207

Acknowledgments
The publishers would like to thank the following for permission to reproduce photographs:
©Age Fotostock pp. **9** (Stewart Cohen/Pam Ost), **16** (Jeff Greenberg); ©Alamy (Gapys Krzysztof) p. **12**; ©AP Photo (Tomas Munita) p. **15**; ©Corbis (Sophie Elbaz/Sygma) p. **20**; ©Getty Images pp. **4** (Fraser Hall), **5** (Amanda Hall), **6** (Paula Bronstein), **7** (Mustafa Ozer/AFP), **8** (Angelo Cavalli), **11** (Tony Metaxas), **13** (Rana Faure), **14** (T-Pool), **21** (China Photos), **22 (top)** (Rana Faure), **22 (middle)** (Fraser Hall), **22 (bottom)** (T-Pool); ©The Image Works (Arnold Gold/New Haven Register) p. **19**; ©Landov (Oswaldo Rivas/Reuters) p. **17**; ©Peter Arnold Inc. (Shehzad Noorani) p. **10**; ©PhotoEdit (Michael Newman) p. **18**.

Front cover photograph of a young boy counting dice at the Bohula Model Government Primary School in Habiganj Upazila in Sylhet District, Bangladesh, reproduced with permission of ©Peter Arnold Inc. (Shehzad Noorani). Back cover photograph reproduced with permission of ©Getty Images (Angelo Cavalli).

Every effort has been made to contact copyright holders of any material reproduced in this book. Any omissions will be rectified in subsequent printings if notice is given to the publisher.

Contenido

Comunidades

Las personas viven en comunidades.

Las personas trabajan en comunidades.

Los maestros de la comunidad

Los maestros trabajan en comunidades.

Los maestros enseñan a las personas.

¿Qué hacen los maestros?

Los maestros enseñan a los niños.

Los maestros enseñan a los adultos.

Los maestros enseñan a leer y escribir.

Los maestros enseñan
matemáticas y ciencias.

¿Dónde trabajan los maestros?

Los maestros trabajan en escuelas.

Los maestros trabajan en universidades.

¿Qué usan los maestros?

Los maestros usan pizarras.

Los maestros usan libros.

Las personas que trabajan con los maestros

Los maestros trabajan con directores de escuelas.

Los maestros trabajan con otros maestros.

Los maestros trabajan con los padres.

Los maestros trabajan con el personal
de limpieza.

¿Cómo nos ayudan los maestros?

Los maestros nos ayudan a aprender.

Los maestros ayudan a la comunidad.

Glosario ilustrado

universidad lugar donde aprenden los adultos

comunidad grupo de personas que vive y trabaja en la misma zona

pizarra tablero donde escriben los maestros

Índice

Nota a padres y maestros

Esta serie presenta a los lectores las vidas de los distintos trabajadores de la comunidad, y explica algunos de los trabajos que desempeñan en todo el mundo. Algunos de los lugares que aparecen en este libro incluyen Cape Cod, Massachusetts (página 4); Ladakh, India (página 6); Habiganj Upazila, Bangladesh (página 10); Odessa, Ucrania (página 12); Ziarat Gali, Pakistán (página 15); Managua, Nicaragua (página 17); y Shigatse, China (página 21).

Comente con los niños sus experiencias con maestros de la comunidad. Pregúnteles por qué piensan que las comunidades necesitan maestros. Revise el libro con la clase y pida a los niños que identifiquen algunos de los elementos que ayudan a los maestros a hacer su trabajo.

El texto se ha elegido con el asesoramiento de una experta en lecto-escritura para garantizar el éxito de los lectores principiantes en su lectura independiente o con apoyo moderado. Puede apoyar las destrezas de lectura de no ficción de los niños ayudándoles a usar el contenido, el glosario ilustrado y el índice.